anythink

LOS
PÁJAROS
Y SUS NIDOS

POR ELIZABETH RAUM
ILUSTRADO POR ROMINA MARTÍ

AMICUS ILLUSTRATED es una publicacion de Amicus
P.O. Box 1329, Mankato, MN 56002
www.amicuspublishing.us

Información de catálogo de publicaciones de la biblioteca del congres
ISBN 978-1-68151-280-8 (library binding)

EDITORA : Rebecca Glaser
DISENADORA : Kathleen Petelinsek
Traducción de Victory Productions, www.victoryprd.com

Impreso en los Estados Unidos de América
10 9 8 7 6 5 4 3 2 1

ACERCA DE LA AUTORA

De niña, Elizabeth Raum caminaba
por los bosques de Vermont
buscando rastros de los animales
que vivían allí. Se leyó todos los
libros sobre animales que había en
la biblioteca de su escuela. Ahora
ella vive en Dakota del Norte y
escribe libros para lectores jóvenes.
Muchos de sus libros son acerca
de animales. Para saber más, visita:
www.elizabethraum.net

ACERCA DE LA ILUSTRADORA

Romina Martí es una ilustradora
que vive y trabaja en Barcelona,
España, donde sus ideas cobran
vida para públicos de todas las
edades. A ella le encanta explorar
y dibujar toda clase de criaturas
del mundo entero, que luego
se convierten en los personajes
principales de la mayoría de sus
obras. Para saber más, visita:
rominamarti.com

Los pájaros construyen muchas clases de nidos, en lugares diferentes y de formas diferentes. Pero todos los pájaros quieren una sola cosa: mantener a salvo a sus huevos y a sus crías.

Un petirrojo hembra elige un lugar lejos del viento, el sol y la lluvia. Ella puede elegir un árbol alto o un arbusto frondoso. O puede elegir el borde de una ventana o de un techo. Luego, ella y su compañero buscan materiales.

Los petirrojos construyen nidos en forma de tazón. Ellos reúnen ramas, hierbas y hojas. Encuentran papel, cuerda y pelo de animales. La hembra aprieta estas cosas en forma de tazón. Ella usa lodo para pegarlas.

Entre dos y seis días después, el nido está listo. La petirrojo hembra cubre el nido con hierba suave. Ella pone de tres a cinco huevos pequeños y azules. Los pichones viven en el nido al salir del cascarón.

Los nidos del águila calva son tan grandes que construirlos tarda de uno a tres meses. Una joven pareja de águilas calvas elige el árbol más alto para su nido en plataforma. Estar tan alto les ofrece un buen mirador.

Las águilas reúnen ramas y palos grandes y los amontonan sobre las ramas fuertes del árbol. Ellas entrelazan los palos. Presionan hierba, musgo o tallos de maíz en los espacios vacíos.

Finalmente, las águilas cubren el centro del nido con musgo y hierba suave antes de poner los huevos. Las águilas usan este nido por muchos años. Le agregan más cosas cada año.

11

Los pájaros carpinteros también construyen nidos en los árboles. Ellos construyen nidos en cavidades.

Ellos usan su pico para excavar dentro del árbol una cavidad o agujero en forma de pera. Cubren el nido con trocitos de madera. Los huevos están a salvo en lo profundo del árbol.

La golondrina risquera usa lodo para construir su nido en paredes rocosas o edificios. Para empezar, el macho recolecta lodo en su pico. Él encuentra el lodo en charcos, junto a un lago o un río.

Las golondrinas hacen bolitas de lodo. Las llevan a un acantilado y usan el pico para ponerlas en su lugar. Las golondrinas usan la bolitas para formar un tazón.

16

Le agregan paredes y un techo. La pareja cubre el nido con hierba seca. Hacer el nido les lleva alrededor de una semana y más de 1,000 bolitas de lodo. La golondrinas risqueras viven en grupos grandes llamados colonias. Muchos nidos están uno al lado del otro.

Los flamencos también usan lodo. Pero ellos construyen nidos terrestres. Trabajan en pareja, usando el pico para empujar el lodo hacia sus patas.

El montículo mide de 12 a 24 pulgadas (30 a 60 cm) de alto. Los huevos descansan en un agujero en medio del montículo.

¿Cuál es el mejor nido? Los pájaros lo saben. Es el nido que mantiene a salvo a sus huevos y a sus polluelos.

Lugares donde viven los pájaros

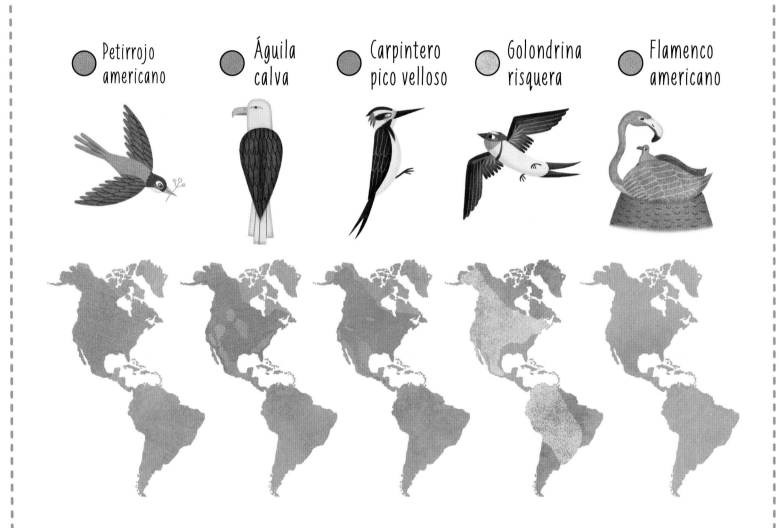

⬤ Petirrojo
americano

⬤ Águila
calva

⬤ Carpintero
pico velloso

⬤ Golondrina
risquera

⬤ Flamenco
americano

Construye como un pájaro

La golondrina risquera construye nidos de lodo en paredes rocosas o edificios. Trata de construir un modelo pequeño para ver cómo funciona.

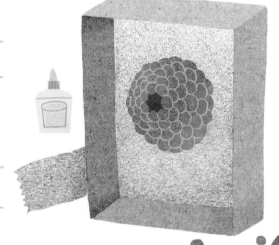

LO QUÉ USA LA GOLONDRINA RISQUERA	LO QUÉ NECESITAS
Lodo húmedo	Arcilla secada al aire
Pared de un acantilado rocoso	Papel de lija grueso Caja de zapatos Pegamento
Su pico	Tus manos

LO QUE HACES

1. Cubre el fondo de la caja de zapatos con el papel de lija. Usa el pegamento para fijarlo.

2. Haz bolitas de arcilla del tamaño de una canica. Úsalas para formar el borde de un círculo pequeño de unas 3 pulgadas (8 cm) de ancho en el papel de lija.

3. Agrega más bolitas de arcilla para hacer un círculo más pequeño sobre el primero. Sigue agregando capas.

4. Después de agregar unas 3 o 4 capas, levanta la caja sobre uno de sus lados. Usa algo pesado para sostenerla si es necesario.

5. Agrega más bolitas de arcilla para formar un cono hueco. Deja un agujero en el medio a modo de puerta.
   Los nidos de la golondrina risquera son más grandes que este. ¡Hacer el nido de un pájaro es difícil si no eres un pájaro!

GLOSARIO

colonia Grupo grande de animales que viven juntos.

nido en plataforma Nido casi plano hecho con palos y ramas amontonadas.

nido en tazón Nido construido en forma de taza.

nido terrestre Nido que se encuentra en el suelo.